# わが子ちゃん



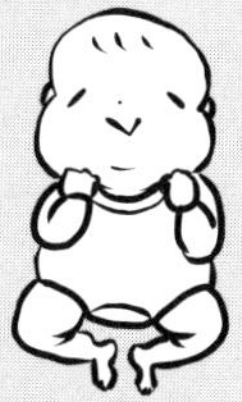

4

峰なゆか

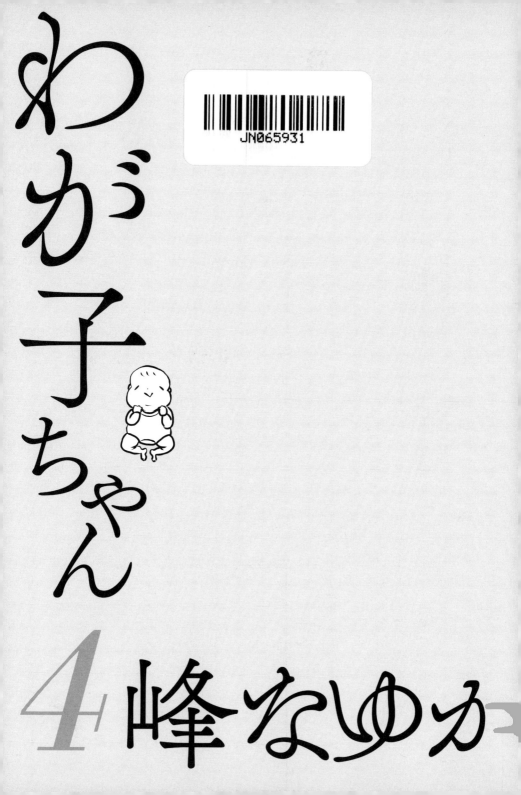

# CONTENTS


第61話 世界で一番優しい嘘 — 5
第62話 ばっちりベストショット — 11
第63話 白い魔獣プッシーさん — 17
第64話 存在の耐えられないかわいさ — 23
第65話 命名・顎之下餅太郎 — 29
第66話 ママちゃん姑みたい。かわゆ — 35
第67話 無印良品へのお願い — 41
第68話 哺乳瓶を消毒する意味 — 47
第69話 動物園で人気の父ゴリラ — 53
第70話 熊と戦った名誉の負傷 — 59
第71話 わが子ちゃん、世界を舐め腐る — 65

第72話 ほらね、ミルクは怖くない…… 71
第73話 私の抜け毛ではありません 77
第74話 出産で泣かなかった夫婦 83
第75話 EAT OR DEAD 89
第76話 だよな！ マズいよな！ 95
第77話 離乳食めんどくせえ！ 101
第78話 シッター1代の分仕事しないと 107
第79話 深夜の救急外来 113
第80話 ヤバさ三連コンボのプロポーズ 119


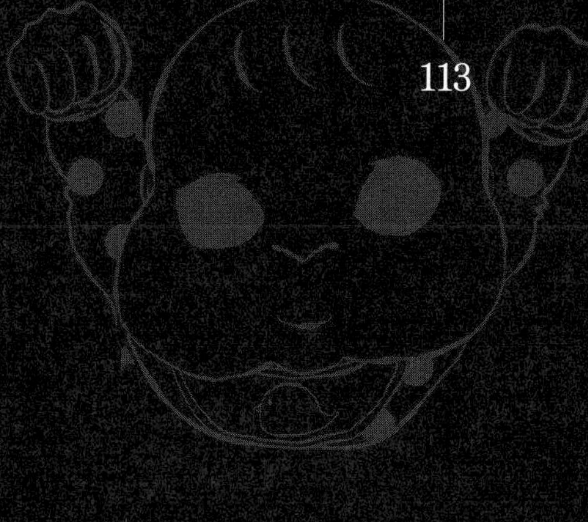

# 第61話 世界で一番優しい嘘

ハァ
どうする？
しちゃう？
ハァ
プル
プル
プル
でもこれでプチの第三波が来たら私はもう死んでしまうーー……
かと言ってこの性欲を無視するのももう無理!!
欲
ゴゴゴゴゴ
なゆちゃん！
ポポイッ
チャラヒゲッ！

ゆっくりね？ ゆっくりしてね？
大丈夫？ 痛くない？
い……今は大丈夫だけど……
あっ！もうちょっとゆっくり！
よし！ 先っぽだけ挿った！
私たちは童貞と処女のような会話をしながらセックスを始め
う…… 締まる……
チャラヒゲは産後の女性が言われたいセリフナンバーワンを口にした!!
あの…… コレ以上は怖いから今日はここまでにしてもいい？
うん！ もちろんだよ！

※「お手伝い」＝抜いてあげること
その日私は
チャラヒゲの毎日の
育児への努力に
敬意を表して
初めて「お手伝い」を
してあげた
シコ
シコ
ああっ♡
……先っぽしか入ってないけどこれってセックスって言えるのかなー？
んー……童貞がどこまで出来たら童貞喪失だと思う？
先っぽが全部入ったら！
じゃあこれはセックスだよ！
産後初セックス
いちおう、成功!!
じゃあ私シャワー浴びてくるね！
なゆちゃん!!
血が!!
ち？

なんつじゃこりゃああああ!!
悪露はもう終わってるはずだし……
病院行ったほうがいいかな……
でも特に痛いとかはないし……
ウロ
ウロ
あれっ？
もしかしてコレ生理？
ミルク育児だと生理来るの早いとは聞いてたけどこんなすぐ来るもんなの!?
しかも量がすげえ！
ドバ
ドド
ドド
出産後は子宮が大きくなっている関係で一時的に経血の量が増えるらしい！

※悪露＝出産後に子宮から排出される分泌物

とりあえずナプキンナプキン!!
ああ～ナプキンは悪露の時に使い切ってしまってたんだった～!
家にあるのはタンポンのみか……
挿れるの怖い……
HAPPY
ENJOI!
PARTY!
がんばれ私!
私は先っぽまで挿れた女なんだぞ!
ヨッシャ!
挿った!

ついでにしっこしよ
シ～～～……
ポチャン
……ポチャン？
多い日用タンポンが排尿時の腹圧だけで自然に抜けてしまった!!
どんだけ膣緩くなってるんだ自分！
そしてチャラヒゲの優しい嘘が胸に染みる……
う……締まる……
チャラヒゲどこまで優しいんだ……

# 第62話 ばっちりベストショット

ガチャ
買ってきたよ〜!
ありがと〜!
……これおりものシートだよ?
え!?
嘘でしょ!?
もういい!
自分で買いに行く!!
でもナプキンもないわタンポンもダメだわで
どうやって外出すればいいんだ……?
トイレットペーパー当ててる
何かナプキンの代わりになるもの……
キッチンペーパー?
タオル?
は!
わが子ちゃんのオムツ!

おっ
広げると夜用スーパーみたいになるな！
これをパンツに敷いて……
外から見てもオムツつけてるなんて全然わからないぞ！
付け心地も快適！
すごい吸収力！
チーン!
486円になります
あっ　紙袋いらないです
ソフィ
一応ナプキン買ったけど……
わが子ちゃんとオムツ共有するんでもまったく問題なかったな……

でもさー さっきのセックスは ノリで始まっちゃった からわが子ちゃんが 隣で寝てる状態 だったけど
それって どうなんだ?
子供に親のセックスを 見せるのは虐待に 当たるのでは?
僕も わが子ちゃんが 起きちゃうじゃ ないかと思って 集中できな かったし……
後すぐ隣に 赤ちゃんがいると なんかちょっと 萎えるっつーか……
よし! ベビーモニターを 購入~~~~!!
これを リビングの ベビーベッドに 取り付けて……
これで わが子ちゃんに セックスを 見せることなく
わが子ちゃんが 急に泣いた時にも すぐ気づける!
チラッ チラッ
ベビーモニターは セックスモニターと 呼ばれた!!

そういえばもう
わが子ちゃんもベビーバス
じゃなくて一緒に入浴できる
ようになったんだよね？
父と子の
入浴写真を
撮ろう!!
なんかよく
見るやつ!!
あっ
ちょっと
待って
そこの
お風呂洗剤
どかして！
カビキラー
置いてた跡が
黒ずんでいる!!
拭くね!!
かわいいボトルや
グリーンなどを
置いてさらに
オシャレに演出だ!!
赤ちゃんといっしょに
いると部屋をキレイに
保つのが難しいとか
赤ちゃんのかわいさに
ばかり目がいって背景が
どうでもよくなるとかの
気持ちはわかるのだが
しかし親の目から
見た赤ちゃんの
ベストショットは
他人の目から見ると
生活感丸出しの家の
写真だったりする
CMのあと…
SONY
GEORGI
エメマン
ジャンプ

なので私とチャラヒゲは赤ちゃん写真を撮るときの背景にめちゃくちゃ気をつけていた
うん！
背景は完璧!!
この写真が一番チャラヒゲもわが子ちゃんも顔がいい感じに写ってるよね！
ベストショットだね！
これうちの家族のグループLINEに載せていい？
もちろんだよ〜！
既読4
載せてしばらく経ってからチャラヒゲのちんこがバッチリ写り込んでいることに気付くこととなった！……

# 第63話　白い魔獣プッシーさん

シュパッ
え!?
どこ行っちゃったの!?
ベッドの下にはいないし……
このタンスの底の部分か!?
おーいプッシーさーん!
ココ
……でもまあ無理に探さなくてもプッシーさんが隠れていたいんならそれでいいか!
カサ……
バッ
しん…

キャットフードも減ってるしトイレも使用しているようだ……
いつの間に……？
？
私はもらった瞬間以降一切猫本体を目にすることはなく半年間ずっと猫の気配とだけ暮らしていた
そんなある日
ガチャ
ただいま～
すげえデカい猫が堂々と枕に鎮座していた!!
のしっ
でっか!!
それ以降プッシーさんは平然と歩き回るようになった
ニャン
ニャン

プッシーさん横通るよ〜
ご……ごめんてば〜
なゆちゃんはよくプッシーさん抱っことかできるよね
プッシーさんの機嫌のいい時だけで急に機嫌悪くなる時も……
シャ
ほらね
ズタア…
そんなプッシーさんの指定席はわが子ちゃんのベビーベッドの横になった
なんでだ？
新しい生き物を監視しているのか？
しかしわが子ちゃんといっしょに寝室で寝る段階になって
プッシーさんといっしょの部屋で二人とも寝ちゃって大丈夫かな……？
プッシーさんがわが子ちゃん引っかいたりしないかな？
プッシーさんは白い魔獣だから……
ハラ
ハラ
確かに目とか引っかかれたら危ないよね
気をつけて見ていよう
ハラ

のしっ
プッシーさんは新しいものが家にあるとその上に乗る習性がある!!
amazon
私たちが寝てる間にプッシーさんがわが子ちゃんの顔の上に乗っちゃったら……?
のしっ
プッシーさん!!
申し訳ないけどしばらくリビングですごしてくれ……!!
ギニャ〜〜〜!!!
ぴえ〜〜〜
わが子ちゃんが起きちゃった!
……私プッシーさんが落ち着くまで
しばらく一緒にリビングで過ごしてくるね
ナオオオォ〜ン!!
うう……!!ごめんよ!!
ガリガリガリ
それは代わってあげられないからごめん……
うん
大丈夫……
眠い……
ニャー?

数日後
あれ?
プッシーさんお見舞いに来てくれたの?
ありがとう〜
ニャン
ニャン
ゴロゴロゴロ
ピシャ
ダッ
プッシーさん!?
どこ行くの!?
クールなプッシーさんが雷程度でここまで猛ダッシュすることはない
行き先はベビーベッドの横!!
プッシーさんはわが子ちゃんの無事を確認するとまたベビーベッドの横で眠り始めた
ホロリ…
プッシーさんはわが子ちゃんのことを見守っていたんだね……
魔獣とか言ってごめん……

# 第64話 存在の耐えられないかわいさ

わが子ちゃん生後2か月
昔からずっと猫と赤ちゃんが欲しかったんだよな……
でもなんか大切なものすぎて自分にちゃんと世話ができる自信がなくて怖かったので手を出せないでいた
それがいまやこうして……キングダム作っちゃったよ……
なゆちゃんキングダムが完成しちゃったよ……!!
なゆちゃーん!
わが子ちゃん結構もう重いから
片手で抱えながら体洗うのかなり無理があるんだけど……
分かった!
調べてみるね!
おっ!
首の据わってない赤ちゃんでも使えるお風呂用マットというものがあるじゃないか!
3800円!注文注文!

そして届いたものは
え……？
発泡スチロール製？
こんな赤ちゃん型のトロ箱みたいのが3800円もすんの？
300円均一とかで売ってそうだね……
しかし実際使ってみると
超便利～!!
サッ
表側はもちろん背中側も手を入れて洗える！
シャワ
頭の泡を流すときも顔にお湯がかからないようにできるぞ！
3800円……
なんて安いんだ……
チャラヒゲがトロ箱に感動している頃
私はわが子ちゃんにコスプレをさせることに一生懸命だった！

白雪姫のコスプレ！
魔女の宅急便のコスプレ！
火消しのコスプレ！
金太郎のコスプレ！
ラッパーのコスプレ！
赤ちゃんのコスプレ！

いくらなんでも
買いすぎじゃ……?
まだ足りないくらいだ!
だって私たちが着せたいものを大人しく着てくれる時期なんて
ほんのちょっとなんだよ?
2歳くらいになったらなんとかレンジャーの服が欲しいとか言い出して
卍レンジャー
小学校に入ったら「みんなと同じじゃないと恥ずかしい」とかっつって
GAP
中学生になったら個性あふれる服を着るようになって
高校生以降は親が選んできた服を着るヤツとかかなりヤバいぞ!?
確かに……

生まれてすぐは生理的微笑みと言って感情に関係なくたまーにニヤッとすることがあるのだが
にへらっ
この頃から社会的微笑みと言って何かに反応して笑うようになってくれる
今のは絶対社会的微笑み!!
今まで無表情でもかわいかったのに笑うと激かわいいい!!
これがそのうち歩いたり喋ったりするわけじゃん?
かわいすぎるのでは!?
このかわいさに果たして私は耐えられるのか……!?
強い……と思っていた敵がさらにパワーアップした変態をとげ
フフフ……
私にはまだまだ形態変化が残されているんですよ……
ハア
ハアッ
と言われている感じ

ニコ!
にへっ
わが子ちゃん的には私やチャラヒゲの笑顔が今のところ最高のエンターテインメントらしい
よし
これでコスプレ写真もさらにクオリティが上がるぞ!
しかし目を合わせて笑うと笑ってくれるのだが
ニコ
にへ!
それを写真に撮ろうと携帯を構えると途端に無表情に戻ってしまう
ザ
シュッ
うう……
どうすれば……
ハッ!
私の最高の笑顔を大きくプリントした iPhone ケースを作れば……!?
NAYUCHAN
でもそれ誰かに見られたとき
自分大好きすぎる人だと思われちゃわない!?

# 第65話 命名・顎之下餅太郎

私もチャラヒゲも服を買うのが好きなのだけどコロナのせいでどこにも出かけられず鬱憤が溜まっていた
ああ!! おめかしして お出かけしたい!!
早く着ないと流行が終わっちゃうよ!!
というわけで出かける隙あらば二人ともめちゃくちゃドレスアップしていた!!
わが子ちゃんにワクチンを打ってもらいに行くぞ～!
アンティーク着物
プレミアスニーカー
NIKE
FORM
何をされたか分かってない
プス
2秒後
ピギャ～～～!!
よしよし!! がんばったね!!
もう一本行きますよ～
プス
2秒後
ピギャ～～～!!
可哀想可愛い……

体重は3キロから
5キロになり
身長も5センチ
伸びていた！
すごい
成長だ！
でも私たちも
親として
けっこう
成長した
よね!?
最初は服を
着替えさせる
たびに腕の骨が
折れたりするん
じゃないかと
恐怖したり
してたけど……
腕を無理やり
伸ばしたり
したら折れる
のでは……？
粉ミルクに熱湯を
注ぐと人肌に
冷ますまでの時間が
割とかかって
イラつくのだが
びえ〜〜〜〜!!
もうちょっと
待ってね！
それも少量の
熱湯を注いで
一度溶かし
その後常温の
水を足すと即
丁度いい温度に
なるという発明を
したり……
ジャ

キューブタイプの粉ミルクというものを発見したり……
お！こんなものが！お急ぎ便で注文だ!!
4つ入れるだけで160ml分！
カロン カロン
わざわざ8回も擦り切って量らなくていい！
すりきり一杯
20ml分
粉ミルク
持ち運びにも便利
超楽～♡
でもこれって粉タイプのより割高なんじゃない？
チャラヒゲのストレスは日に2千円分くらい減ってるからむしろ儲かっているんだよ！

産後はホルモンの関係でマミーブレインと言って
物忘れがひどい等脳がうまく働かなくなる症状が出ることがある
小説がまったく頭に入ってこない……
漫画すらダメだ!!
登場人物が多いとか伏線が張ってあるやつとか全然理解できない!!
進撃の巨人
結局『美味しんぼ』を読み返すという作業をしていたのだが
一話完結! おなじみの流れ!
美味しんぼ
段々脳の調子も良くなってきてやっと『鬼滅の刃』を読めるようになったので
フム
フム
鬼滅の刃
チャラヒゲのことを「父柱」と呼ぶようになった
父の呼吸壱ノ型!!
授乳ッ!!

これまたホルモンの関係で産後は産後ハイが訪れるので
子供の名前を特殊なヤツにしがちと聞いていたので
王子様《おうじさま》
七音《どれみ》
泡姫《ありえる》
侶《ろ》実《み》雄《お》
響音《りずむ》
妊娠中から普通ぽい名前を考えておいて即出生届を出したのだけど
出してきたよ〜！
パシーーッ
おお……
4月2日港区生まれ……
無難な名前……
出生証明書
峰 わが子
男
令和2年4月2日
港区生まれ
私がわが子ちゃんに今後これ以上のプレゼントをあげられることはないぞ！

でも赤ちゃんの顔見てから名前決める派の人もいるよね
瞳が大きかったから瞳ちゃん、とか・・・
今名前考えるとしたら何にするかなー
チラ
顎《あご》下《のした》餅《もち》太郎《たろう》
産前に決めておいて本当によかったー……!!

# 第66話　ママちゃん姑みたい。かわゆ

シュパ
ごめん！
「わが子ちゃんがかわいそう」じゃなくて
「私が見てて心配で不快な気持ちになる」の間違いでした！
そうなんだよ!!
育児界隈では「子供がかわいそう」って言葉がやたら使われるけど
大体「私が見てて不快」って意味なんだよ!!
これに何年も気づかない先生もいるのになゆちゃんは数時間で気づいてすごいよ！
私が見てて不快
そんな薄着で赤ちゃんがかわいそう〜
こんな早く保育園入れるなんてかわいそう〜

写真共有アプリ「みてね」で一番マメにコメントしてくれるのはママちゃんだ
それは嬉しいのだけど
ママちゃん わが子ちゃん美形〜
マちゃん 動画ももっとみたいな〜
ママちゃん この写真超かわいい!!
ママちゃんが見事に妖怪赤ちゃんかわいそうババアになってしまって
連発されるとかなりウザい
ママちゃん この服着心地悪そうだけど大丈夫?
マちゃん おしゃぶりなんて使ったら歯並びが悪くなるよ!!
ママちゃん くつ下はかせてあげないとかわいそうだよ〜
なんかなゆちゃんのお母さんからのコメントが怖くて「みてね」に写真アップするの躊躇しちゃうんだけど……
チャラヒゲにまでストレスが……

悪気はないんだろうし初孫にテンションアゲなだけの善良な老人であることはわかっているが
孫
孫
孫
チコチコ
いい加減うるせえよ。黙れ
チコ
こんなふうに正面切って罵倒してしまったらママちゃんが傷ついてしまう……
しかしもう優しい言葉を返せるほど私は性格が良くない……
既読無視の時間がいたずらに長くなってゆく……
どうすれば……

ピロリーン!!
そんなとき妹ちゃんから
コメントが入った!!
妹ちゃん
ママちゃん姑みたいに
なってるよ。かわゆ
妹ちゃん
ママちゃんのウザさを「姑みたい」と代弁してくれる妹!!
しかも「かわゆ」と絵文字をつけることで「も～ママちゃんはおっちょこちょいだな～☆」的なホンワカ感を出している!!
なってるよ。かわゆ
ママちゃん
姑みたいだった!?
はずかし～!!
気をつけるね
おお…
さっきまでウザい姑と化していたママちゃんの機嫌を損ねることなく見事牽制している!!

さすがガールズバーのいち学生バイトから
いらっしゃいませー
複数店舗を管理するエリアマネージャーにまで上り詰めた女
妹よ！
日夜ウザいおっさん客をいなし続けているコミュ力をサラッと発揮してくれる!!
おっぱい触らせてよ〜
え？今シャンパン入れるって言いました？
私にはないコミュ力を持つ妹ちゃん……
大好き……!!
なゆぴ〜！

# 第67話　無印良品へのお願い

あ
ちょうど新生児用のオムツ無くなったね
Sサイズのオムツに買い替えなきゃ
でもオムツってどこのメーカーがいいんだろうね？
いろいろあるから1パックずつ買って全部試してみよう!!
GOON《グーン》
柄がダサい!!
あとオムツって股のとこに薄黄色のラインが入っててそれが尿で濡れると水色に変わってわかるようになっているのだが
その股部分にまで柄が侵食していてムカつく!!
S
まえ
無地にしてくれよ!!
Pampers《パンパース》
股部分に紫色のラインっぽい柄が入ってるから
尿ラインとの差がめっちゃわかりづらい!!
前
この色のこの柄をこの部分に入れることを決めたヤツは何を考えてるんだ!?
嫌がらせだとしか思えない!!

MOONY《ムーニー》
プレミアムコットン
他のオムツの倍の値段するだけあってオーガニックコットンを使用していて
柄も富裕層が好みそうなオシャレな草花柄だ！
そして尿が出るとオシャレな草花柄が浮き上がる仕様になっており……
FRONT
イヤだからさあ!!
草花柄がプリントしてある上から草花柄が浮き上がってもわかりづらいじゃん!?
ちょっと考えればわかんじゃん!?
Merries《メリーズ》
ファーストプレミアム
メリーズが一番プリント控えめで尿が出たラインがわかりやすい!!
まえ S
メリーズが一番マシだ!!
うちのオムツはメリーズで決定!!
でもなんでオムツがこんな意味不明にダサくて使いづらい仕様になっているんだ？
これは生理用品が意味不明にダサい現象と同じことが起こっているのでは？

決定権のある偉い人が生理のないオムツを替えたことのないおっさんばかりなのではないだろうか？
女と言えばピンク！
ハート！
花柄だよね〜!!
赤ちゃんと言えば！
子供に人気のキャラ全面プリント!!
無印良品が無地のオムツを出してくれれば絶対ずっとそれ使うのに!!
カレーをあんな何十種類も出してるヒマがあったらオムツを作れよな!!

生後2か月頃は
アーとかウー
といった声を
出すように
なるらしい
……
もちろん今までも
泣き声とかは
出していたのだが
それは出ちゃってる
声であって
自分の意志で
出した声
というのを
聞くことを
私は楽しみに
ワク
ドキ
わが子ちゃんは
まだかなー
あっ！
わが子ちゃんが
喋った!!
えっ♡
ア゙ア゙ア゙ア゙ア゙ア゙ーーー!!
ヴア゙ア゙ア゙ア゙ア゙ーーー!!
それは「野犬にでも育てられたのか？」
といった感じのデスボイスだった!!

赤ちゃんの声をオウム返ししてあげるともっと喋るようになるみたいだよ！
ア゙ア゙ア゙ア゙ア゙ア゙ーーー!!
ア゙ア゙ア゙ア゙ア゙ア゙ーーー!!
ヴヴヴヴーーー!!
ヴヴヴヴーーー!!
ちょっと！もっとかわいい声を教えようよ！
ぽきゅ～☆
ア゙ア゙ア゙ア゙ア゙ア゙ーーー!!
ぴきゅ～☆
ヴァアアアアーーー!!
獣のような声を出していたわが子ちゃんだったが発音することに慣れてきたようでじょじょじょに赤ちゃんぽい声を出すようになってきた
あ～
うい～～～
ホ……
ひゅう!!
シエシエッ!!
ポウッ!!
日替わりで出せる声のバリエーションがどんどん増えていくな……

わが子ちゃんの初めての言葉って何になるのかなー？
かっこいいセリフであってほしいよね！
かっこいいセリフと言えば……？
やっぱ「ちょ……待てよ!!」
でしょ!!
KIMU TAKU
わが子ちゃん！
お喋りの練習をしよ〜！
ちょ……待てよ！
あい〜〜〜
ちょ……待てよ!!
うえ〜〜〜〜

# 第68話　哺乳瓶を消毒する意味

わが子ちゃん
生後3か月
スー…
スー…
パチッ
んー
プル
プル
ゴシ
ゴシ
なんか起きるとき毎回「起きるときの演技がド下手な人」みたいな動きをするな……
脳天を触ると不思議そうな顔をする
そうだよな……
手の長さ的に自分でまだここ触れないもんな……
かわええ……

今日は
わが子ちゃん
生後
100日目！
お食い
初め〜！
100
チャラヒゲは
わが子ちゃんの
お世話をしながら
ご馳走を作成した！
鯛のお頭付き
小豆から炊いたお赤飯
はまぐりのお吸い物
型ぬきしたなます
高野豆腐の炊き合わせ
えーと
お食い初めとは一生
食べるものに困らない
ようにとの願いを込めて
行われる行事で……
でもこれも
お宮参りみたいに
差別的な意味合いが
あるかもしれないから
詳しく調べるのは
やめておこう……

※3巻第57話参照

えーと
まずご飯！
お吸い物！
ご飯！
お魚……
と食べる
真似をさせて
チョン
チョン
最後に丈夫な
歯が生える
ようにと
願いを込めた
歯固め石を……
あっ⁉
石用意するの
忘れてた‼
Amazonで
売ってるけど……
さすがに
今すぐは届か
ないし……
普通は神社から
石もらってくる
らしいけど……
近くに神社
なんてあったっけ？
歯固め石
あっ
うちの
玄関先って
砂利道
だよね⁉

よーく洗って……
ジャブ
ジャブ
まあこれでいいだろう……
ゴロン…
チョン
チョン
チョン
チョン
よし!
これで終了!
砂利のような歯が生えてこないといいけど……
わが子ちゃんはまだ食べれないからご馳走は二人で食べよ〜!
YEAH!
じ……っ
このころのわが子ちゃんは自分の手をじっと見つめる時間が増えた

「ハンドリガード」と呼ばれ赤ちゃんが自分に手があることを発見する時期らしい
おまえ……今まで自分に手があること知らなかったのかよ!?
今までも指しゃぶったりしてたじゃん!?
今まではたまたま口の前になんか棒状のものがあるから舐めよ～っと
みたいな偶然によって起こっていた指しゃぶりだったが
パク
自分で手を顔の前に持ってくれば指がしゃぶれることを発見したわが子ちゃんは
しゅぶ
しゅぶ
しゅぶ
しゅぶ
常に指をしゃぶりまくるように
1本
ちぱ
2本
ちぱぁ
3本
ちぱ
ちぱ
なんかだんだん本数が増えていくな……

ムギギ…
4本
もう無理じゃね？
こぶし
……
拳を口に入れたいけど入らなくて泣く!!
びえ〜〜〜!!
それは香取慎吾しかできないやつだから!!
チャポン…
それにしても哺乳瓶を毎回マジメに消毒するたびに思うんだけど……
あんな何の消毒もしてない指めっちゃ舐めてて何の問題もないのに哺乳瓶消毒する意味ってあるの……？
しゃぶ
しゃぶ

# 第69話　動物園で人気の父ゴリラ

よだれかけのことが
いつの間にか
「スタイ」という名称に
入れ替わっているように
スタイ!
現在はゆりかごのことは
「クーファン」と
呼ばれている
クーファン!
クーファンは
生後3か月くらいまでしか
使えないから実用性低い
みたいなんだけど……
でもめっちゃ
かわいいい〜!!
クーファン単体
でもすでに
かわいいのに
これに赤ちゃんを
入れて写真を
撮ったら最高に
かわいい!!
3か月しか
使えなくても
それだけの
価値がある!!
と思って購入したものの

退院直後
ちま～
え……？
クーファン3か月で使えなくなるってどういうこと？
3か月でそんな大きくなるわけないし……
動くようになったら落下したりして危ないから使えないってことじゃない？
じゃあ台座から外してカゴだけ床に直置きすれば使えるね～！
などと思っていたのだが
生後3か月――……
ムチーン
もう使えねぇ～!!
今後つかまり立ちとかもするだろうからベビーケージに買い換えようか
ムッチ!!
そだね
ベビーケージ
カチッ

デケエ〜〜〜!!
余裕で2畳分はあんじゃん！
え……？
みんなこんなんが置けるほど広いリビングのある家に住んでるの……？
もうちょっと小さいベビーケージもあるはず……!!
カタカタカタ
ッターン！
ダセエ〜〜〜!!
カラフル
なんかのキャラ
メッシュ

リビングは主に
ダーク系木目と
アイアンが基調!!
チャラヒゲ好みのブルックリンな感じ…
このインテリアに
合うオシャな
ベビーケージを
意地でも探すぞ!!
あっ！
アイアンの
ケージが
あった！
サイズも
ギリギリ
うちの
リビングに
置ける!!
ガタッ
というわけで
家にやってきた
サイズ小さめで
鉄製のベビー
ケージは
どこから
どう見ても
檻だった

白黒ボーダーの服を着せると 100% 囚人に見える……!!
あっ そろそろミルクの時間だ！
チャラヒゲが入るとさらに「動物園で人気の哺乳瓶を器用に使う頭のいい父ゴリラとその子供」のようだった!!
こんなはずじゃなかった!!

# 第70話　熊と戦った名誉の負傷

生後1か月
ハイッ！
機械的なオルゴール音と共に回るクマちゃんだよ〜！
無‥‥
生後2か月
ハイッ！
握ると音が鳴るぬいぐるみだよ〜
ペポッ
無‥‥
生後3か月
ハイッ！
これは振ると音が出るよ〜！
カシャカシャ
カシャ…
カシャ…
すごい！初めて道具を使っている
父ゴリラに乳を飲ませてもらう子ゴリラから人間に進化した瞬間だ!!
ポイッ
チュパァ…
ん〜!!
でもやっぱり今は自分の指が一番のエンターテインメントなんだね!!

手を顔に持っていく機会が増えたので顔に傷ができるように
あ……
また顔に傷できてる
赤ちゃんの爪はすごく薄い！
なのでものすごく切れ味がいい!!
フフフ……
こんなこともあろうかとあらかじめ手袋を買ってあるのだよ……
ちゅぱぁ ちゅぱぁ
舐め心地悪そうだけど手袋の上からでもしゃぶるのはやめないんだな……
ウッ！
手袋が唾液臭いッ!!

指ならまだ唾液も
すぐ乾くだろうけど
手袋に染み込んだ唾液が
時間経ったのって雑菌
ヤバそうじゃない？
手袋が湿ってたら
即交換・洗濯
できるように
手袋20セットを
Amazonで注文!!
じゃあ
わが子ちゃん
手袋つけようね～
手があることを
発見して1日で手袋を
外す技術を身につけた
わが子ちゃん!!
顔の傷を見ると
なんだか胸が
痛むのでストレスを
軽減させるため
「熊と戦った傷」
と呼ぶことにした
昨日も熊と
戦ったの？
すごいね～！
そして次の日からは
「爪が刺さると痛い」
ということを発見
したらしく顔に傷は
できなくなった
そして
今さら
届いた
大量の
手袋….

さらにこんな技も繰り出すように
見て！
オムツ替えのとき自分で脚を持ってくれてるよ！
こんなに肛門を丸出しにして無邪気にしていられるなんてポムポムプリンかよ……
そしてわが子ちゃんの首がすっかり据わった
45°
と思ったら頭突きを繰り出してくるようになった
ガンッ
痛いッ!!
大丈夫!?
うん！
私の歯とわが子ちゃんの頭の間に私の唇挟まれてたからわが子ちゃんにケガはないよ！
なゆちゃん!?
大丈夫じゃないよ!?
だく
だく

そして手でも攻撃を繰り出してくるようにもなった
ガシッ
うぐっ！顔面掴むのやめて！
ピンチ力が強いね！
キャアア！ピアス引きちぎろうとしないで！
紐切りだね！
ピンチ力とか紐切りって何？
なんで知らないの？『刃牙』に出てくるじゃん!!

ピンチ力っていうのは指先でつまむ力のことで
紐切りっていうのは指で相手の視神経をえぐって目を見えなくする技だよ
怖いこと言わないでよ！
ていうかなゆちゃん漫画家なのに『刃牙』読んでないの!?
読んだことない
絶対読まなきゃダメだよ！
見よ！
これが刃牙に出てくる伝説の技！
トリケラトプス拳!!
ん〜
大体どういう漫画かは分かったから別に読まなくていいや

# 第71話 わが子ちゃん、世界を舐め腐る

やっぱり聞いていたことと全然違う！
もしかしてわが子ちゃんって
すんげえ育てやすい赤ちゃんなのでは……？
というのは短期間だけの幻想だった

0〜2か月のわが子ちゃん
俺は今は短時間放置されるだけですぐ死ぬ!!
ヒッ!
なんかお尻が冷たい!
死ぬかも!!
泣いてアピールしなきゃ!!
ンニャ〜〜〜!!
ミルクだ!!
今飲まないと次はいつもらえるかわかんねーぞ!!
誰も信用できねえ!!
ゴッゴッゴッ
ゴッ
というテンションで乳を与えられたら必死になって飲んでいたのだが
生まれて3か月が経過しわが子ちゃんは世界を舐め腐るようになっていた
なんか尻がちょっと冷たくても別に死なないしぃ〜
わざわざ泣いてアピールしなくてもコイツら腹が減る頃には勝手に乳くれるし〜
まあ適当に飲んどけばいっか〜
ゆ〜〜
よ

というわけで
わが子ちゃんが
遊び飲みという
やつを覚えた
カミ
カミ
カミ
知能がついてきて
周囲のものが気に
なり集中できなく
なってさらに
飲まない
キョロ キョロ
知能がついてきて
くれるのは嬉しい
んだけど……
飲んでくれ
よ～!!
30分授乳して
20mlしか
飲んでない……
※普通は10分で
160mlくらい飲むと
されている時期
わが子
ちゃん!
ミルク
だよ!
ニコッ!
ニコッ
キャア♡
笑顔
かわいい♡

……でも笑顔の
口の形だとミルクが
口に入っていかない
んだよ〜〜〜!!
?
私が笑顔になってしまうと
わが子ちゃんも笑顔に
なってしまうので
無……
集中できるように
無音……無表情……
で飲ませる
膝の角度を
少し上げて
赤ちゃんの
顔を見ながら……
首!
肩!
腰!!
全てが
ヤバい!!
理想の授乳とされる
姿勢は人体に
悪影響すぎるぞ!?

チャラヒゲがあげてるほうがよく飲むよね？
どうやって飲ませてるの？
普通だよ？
ケンチャナヨ〜！
ジ……
チャラヒゲは韓国ドラマをガン見しながら一切わが子ちゃんの顔を見ないで飲ませていた!!
これが日に何度も何度も授乳している男の姿――……!!
わが子ちゃんもテレビを見たり音を聞いたりして適度に集中力が奪われるのでよく飲んでくれるようだ
理想の授乳像にこだわって……
私はなんて甘ちゃんだったんだ!!

# 第72話 ほらね、ミルクは怖くない……

赤ちゃんは生後3か月で満腹感を覚えるので
この時期にミルクを飲む量が減るのはよくあることらしいのだが
つーか今まで満腹感知らなかったのかよ!?
それにしても飲まなさすぎでは……？
飲まなかったミルクを排水口に流す作業がとても虚しい……
ジョボボボボ
ミルクの種類も変えた！
はいはい
哺乳瓶の乳首も変えた！
乳首に針で穴を開けまくってよく出るようにした!!

それでも
とにかく
飲まない
もはや哺乳瓶が
目に入るだけで
泣く!!
ンギャ〜〜〜!!
でも嫌がるのを無理やり飲ませても余計に飲むの嫌いになっちゃいそうだし……
つってももう結構長時間飲んでないからもはやカロリーとかよりも
脱水症状とかが出ないかが心配なレベルだ!!
今回こそは絶対に飲んでもらう!!

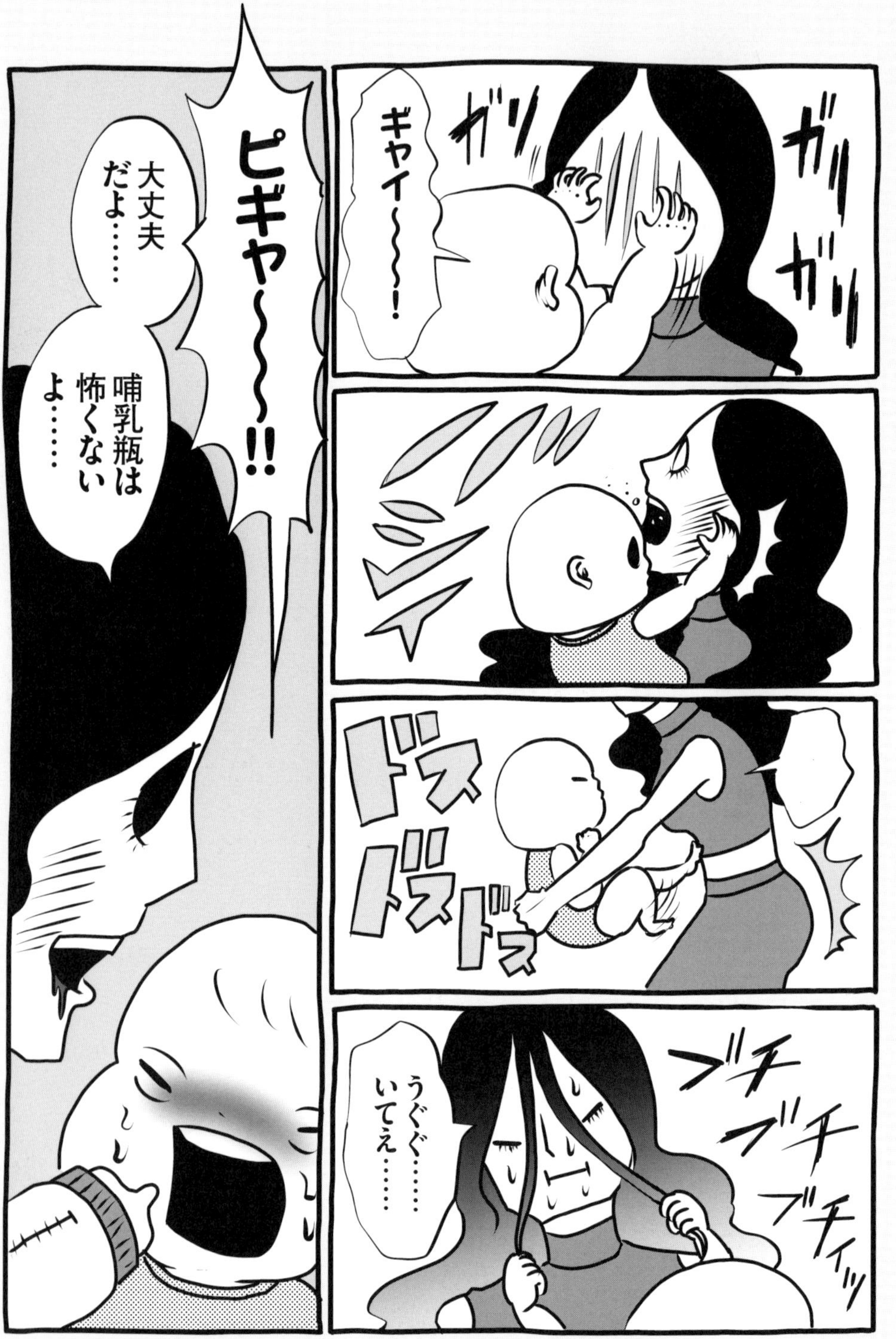
ガリガリ
ガリ
ギャイ〜〜〜！
ドスドス
ドスドス
ブチ
ブチ
ブチイッ
うぐぐ……
いてえ……
ピギャ〜〜〜!!
大丈夫だよ……
哺乳瓶は怖くないよ……

ちゅ…
ちゅぱ…
あれ？
吸うと汁が出てくる～
ゴキュ
そういえばなんかお腹減ってたかも～
ほらね
怖くない……
ゴキュ

なゆちゃん……
すごい……!!
テトを手懐けるナウシカのようだよ!!
ほら大丈夫…
ゴクゴクゴク
よかった……
やっと一日のミルク量500mlを超えた……!!

# 第73話　私の抜け毛ではありません

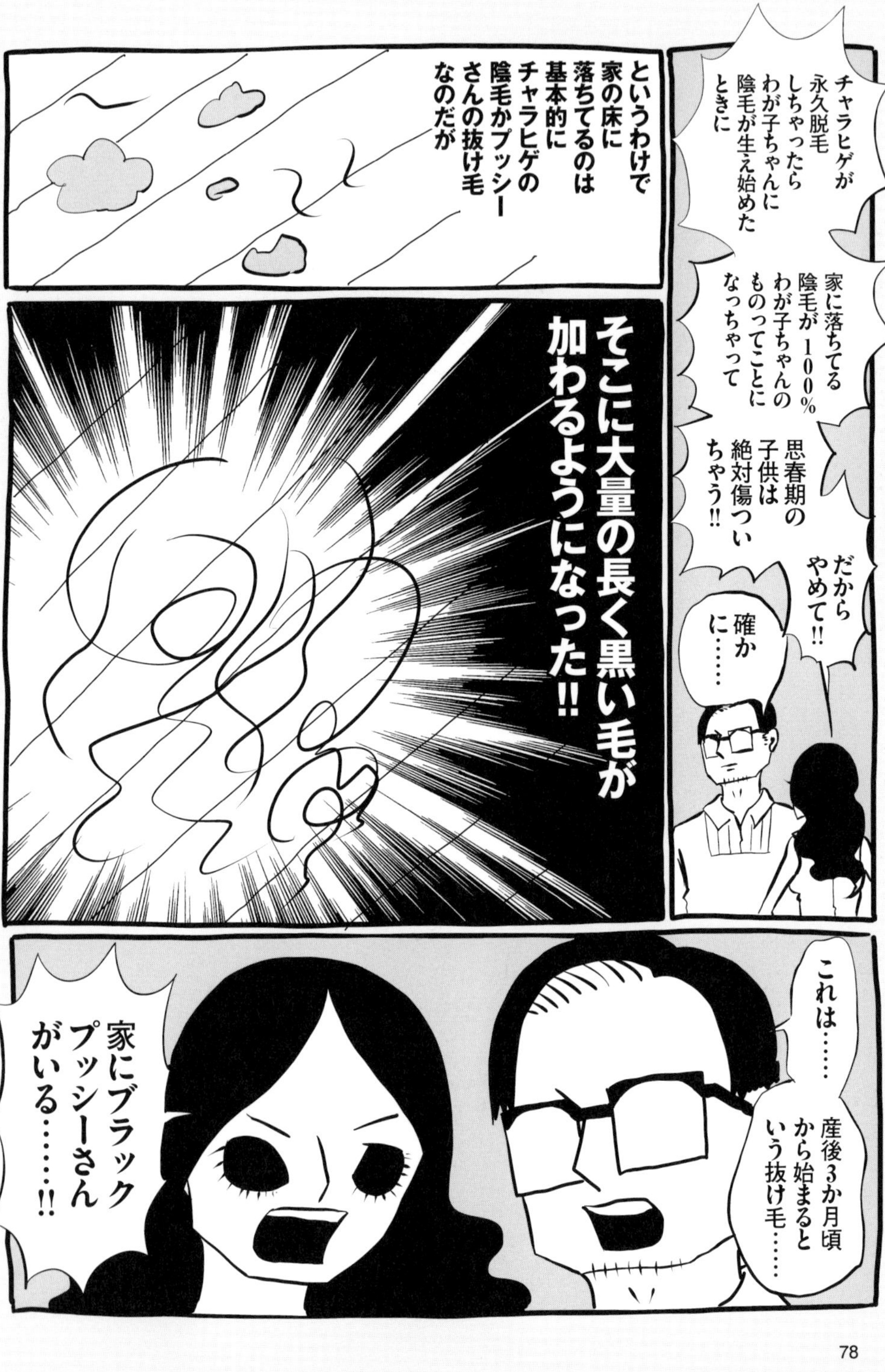
チャラヒゲが永久脱毛しちゃったらわが子ちゃんに陰毛が生え始めたときに
家に落ちてる陰毛が100%わが子ちゃんのものってことになっちゃって
思春期の子供は絶対傷つぃちゃう!!
だからやめて!!
確かに……
というわけで家の床に落ちてるのは基本的にチャラヒゲの陰毛かプッシーさんの抜け毛なのだが
そこに大量の長く黒い毛が加わるようになった!!
これは……
産後3か月頃から始まるという抜け毛……
家にブラックプッシーさんがいる……!!

ブラックプッシーさん
50センチくらいの太く長く黒い毛が特徴の生き物
よく毛が抜ける
人間の前には決して姿を見せない
うちにそんな動物がいたなんて……!!
あっ
ブラックプッシーさんの毛が落ちてるから
クイックルワイパーかけなきゃ
うわあ!
お風呂の排水口にもブラックプッシーさんの毛が!!
は!
なゆちゃんを責めてるつもりじゃないよ!?
でも気になっちゃったらごめんね!?
ううん
全然気にしてないよ
そもそもうちには以前から縮毛を落としていくブラックプッシーさん(小)が存在してるし

ブラック
プッシーさん
(小)
全身に黒い縮毛が生えている
トイレによく出現するが神出鬼没
どうもすみません……
あ……
わが子ちゃんの顔にブラックプッシーさん(小)の毛が……
腋の毛だよね!?
陰毛じゃないよね!?
ウィーン
パラ
パラ
パラ
この家には全身が産毛に包まれたブラックプッシーさん(極小)もいるんだ~
へ~
ブラック
プッシーさん
(極小)
私の意識が高まった時のみ出現する
ブラプシ(極小)の毛を片付けるチャラヒゲ←

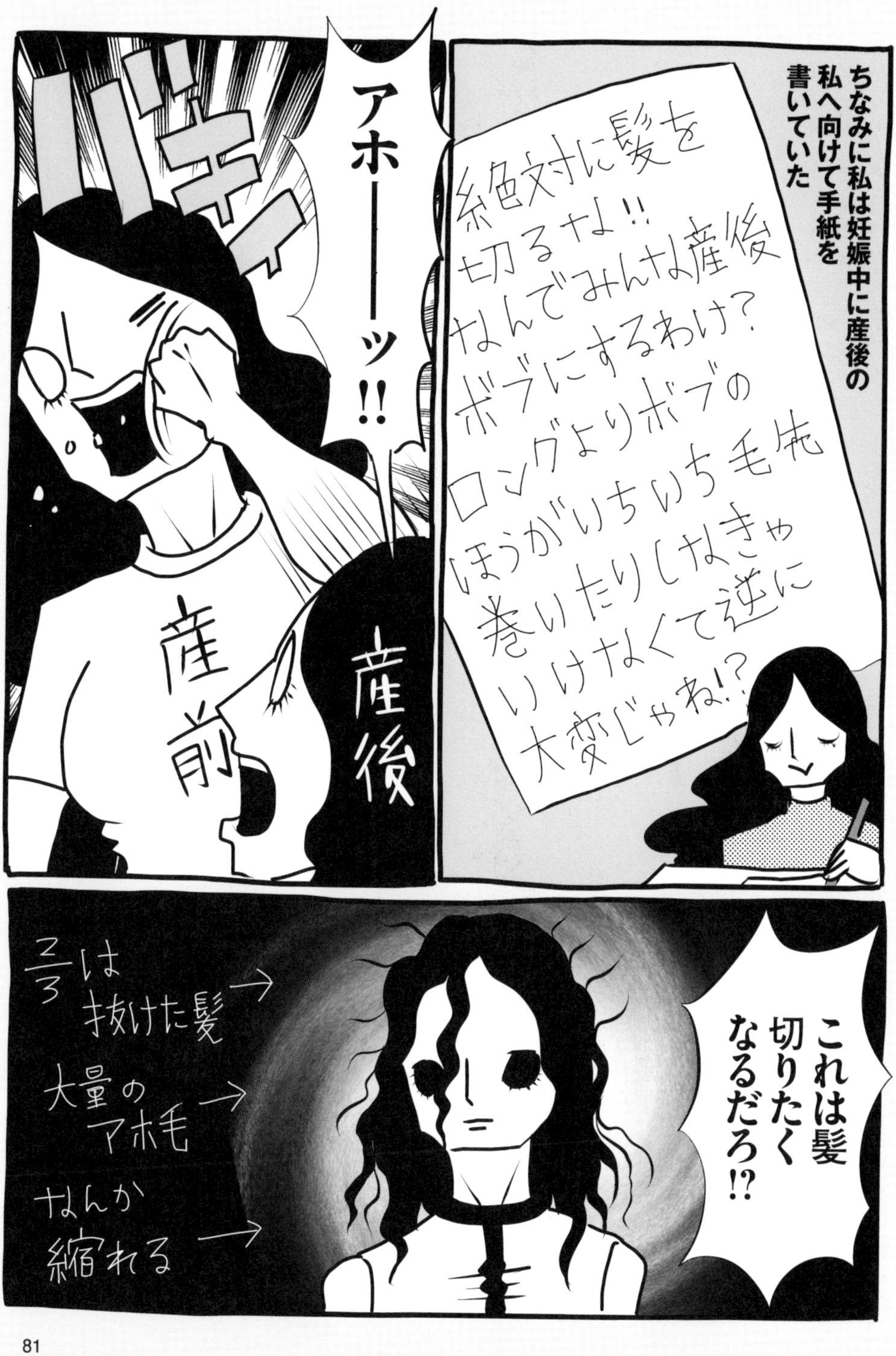
ちなみに私は妊娠中に産後の
私へ向けて手紙を
書いていた
絶対に髪を
切るなよ!!
なんでみんな産後
ボブにするわけ?
ボブにするわけ?
ロングよりボブの
ほうがいちいち毛先
巻いたりしなきゃ
いけなくて逆に
大変じゃね!?
バギィ
アホーーーッ!!
産前
産後
これは髪
切りたく
なるだろ!?
2/3は
抜けた髪→
大量の
アホ毛→
なんか
縮れる→

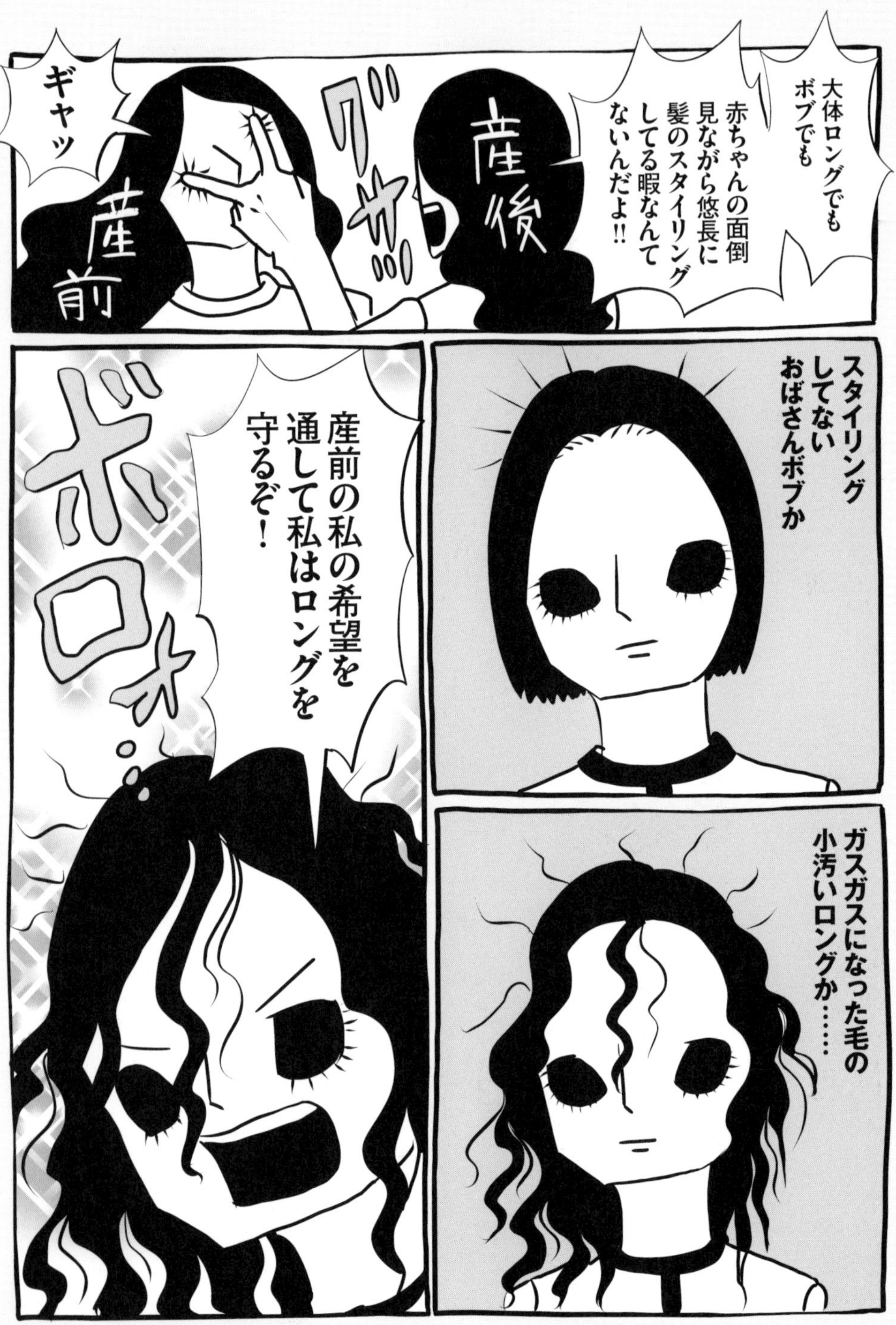
大体ロングでも
ボブでも
赤ちゃんの面倒
見ながら悠長に
髪のスタイリング
してる暇なんて
ないんだよ!!
産後
グザッ
ギャッ
産前
スタイリング
してない
おばさんボブか
ガスガスになった毛の
小汚いロングか……
産前の私の希望を
通して私はロングを
守るぞ!
ボロォ

# 第74話 出産で泣かなかった夫婦

ところでさぁ プッシーさんのこと
わが子ちゃんにプッシーさんだよって教えちゃっていいのかな……？
いちおう もともとは子猫って意味だから
別に悪くはないんじゃ……？
Pussy
1子猫ちゃん
2(卑)女性器
でも実際は2番目の意味合いで使われることのほうが多いじゃん……？
わが子ちゃんが今後保育園とかでこんな発言をしたら……？
うちのプッシーはねー
毛がいっぱい生えててかわいいんだ〜！
ダメだっ!!

じゃあ動物病院行くときに使ってる偽名のプッチーさんに改名する……？
峰プッチーちゃーん！
あっはーい
ヤダッ!!
動物病院行くたびにプッシーさんに偽名なんて使わせて申し訳ないと思ってるのに!!
じゃあ……「猫さん」と呼ぶ……？
それだ！
猫さんなら事実だからいいね！
わが子ちゃん猫さんだよ～!!
うえ～～～～

そう言えば今思い出したんだけど!!
私名物 突然の思い出し怒り
チャラヒゲって私が出産した時泣いてないよね？
なゆちゃんも全然泣いてなかったじゃん！
爆笑してたじゃん!!
私は産む側だから感動泣きする余裕なんてないんだよ!!
だってどの出産ブログ見ても
「夫は感動して泣いてました！」
「夫が泣いてるところを初めて見ました!!」
とか書いてあるんだけど!?
ギャ ギャ
う……
だって僕普段から感動泣きとかするタイプじゃないし……
わが子ちゃんも動画でしか見れなかったし……
ん～……
そう言われればそうだね……

しかし後日海老蔵主演の映画で
チャラヒゲが感動泣きしているところを見た!!
う……海老蔵……!!
ポロポロ
海老蔵の動画でなら泣くのかよ!!
これ一生なゆちゃんに言われそうだな……
言うね
チャラヒゲはわが子ちゃんの誕生では泣かなかったのに海老蔵では泣く男だ!
定期的に言っていく!
はい……すみません!!

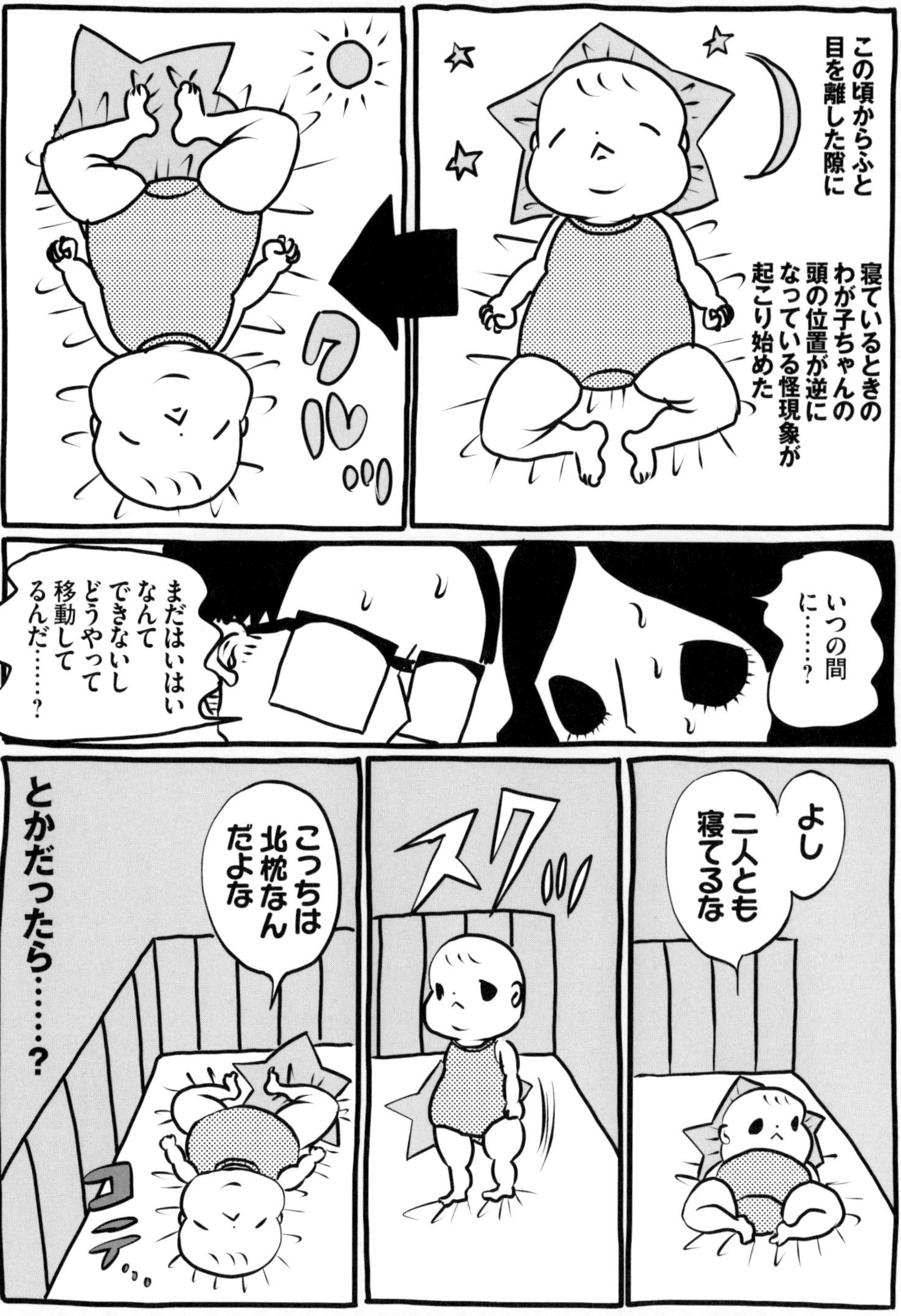
この頃からふと目を離した隙に
寝ているときのわが子ちゃんの頭の位置が逆になっている怪現象が起こり始めた
クル…
いつの間に……？
まだはいはいなんてできないしどうやって移動してるんだ……？
よし 二人とも寝てるな
スク
こっちは北枕なんだよな
コテ…
とかだったら……？

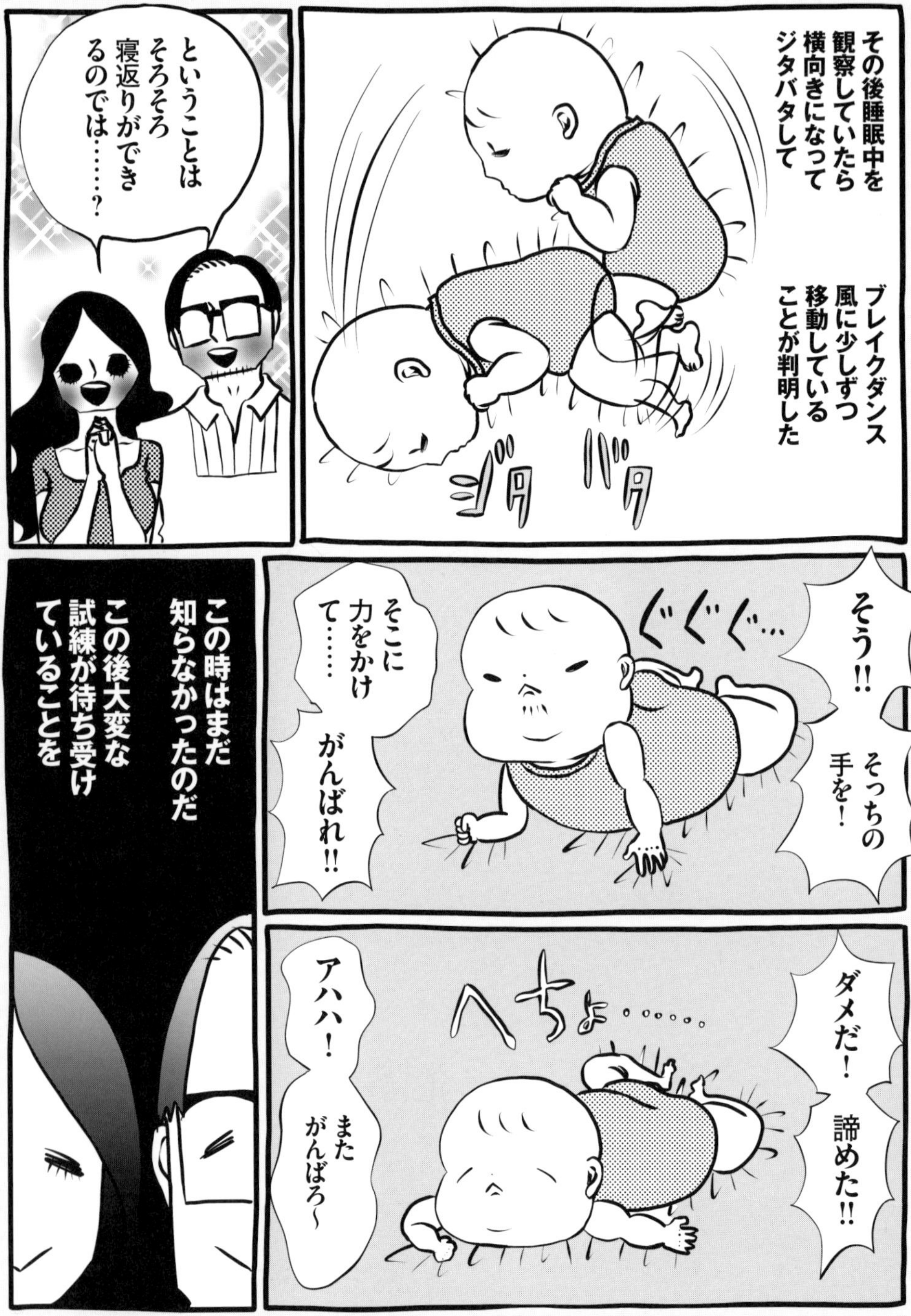
その後睡眠中を観察していたら横向きになってジタバタして
ブレイクダンス風に少しずつ移動していることが判明した
ジタ バタ
ということはそろそろ寝返りができるのでは……?
そう!!
そっちの手を!
ぐぐぐ…
そこに力をかけて……
がんばれ!!
ダメだ!
諦めた!!
へちょ……
アハハ!
またがんばろ〜
この時はまだ知らなかったのだ
この後大変な試練が待ち受けていることを

# 第75話 EAT OR DIE

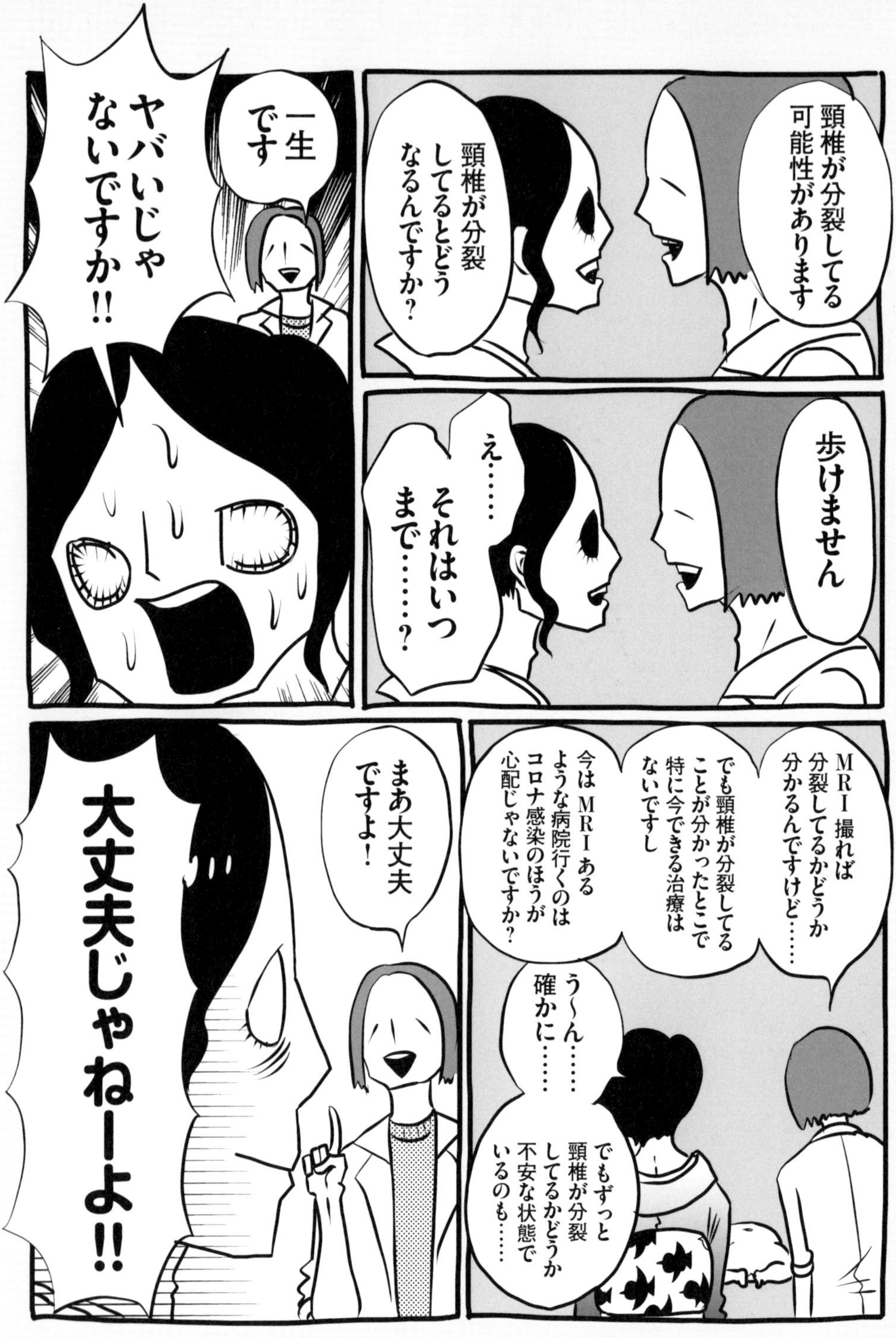
頸椎が分裂してる可能性があります
頸椎が分裂してるとどうなるんですか?
歩けません
え……
それはいつまで……?
一生です
ヤバいじゃないですか!!
ＭＲＩ撮れば分裂してるかどうか分かるんですけど……
でも頸椎が分裂してることが分かったとこで特に今できる治療はないですし
今はＭＲＩあるような病院行くのはコロナ感染のほうが心配じゃないですか?
う~ん……確かに……
でもずっと頸椎が分裂してるかどうか不安な状態でいるのも……
まあ大丈夫ですよ!
大丈夫じゃねーよ!!

体重計りますね～
05、10
1か月で1キロ増えるのが目安のはずなのに……
100gしか増えてない!!
ああ～～～!!
今絶対100gは減った!!!
じわ じわ
わが子ちゃんしか見てないと
すごい毛が増えたよね～!
もう毛沢東みたいじゃないね!
すごい大きくなった～!
もう重いよね～!!
他の赤ちゃんと比べると
あの子毛めっちゃ生えてる!!
他の赤ちゃんはみんなもっとムチムチしている……

ん〜!! ミルク1日500ml ですか……
それはちょっとよくないですね……
今回は「大丈夫」って言わなかったぞ!?
今は1日1リットルくらいは飲んでほしいんですけどね〜
い……
1リットル!?
500mlを超えた日でめちゃくちゃ喜んでいたのに……
どうすれば飲んでくれるんですかね!?
う〜ん
ミルクも乳首も変えたんなら特に方法はないですね〜
まあミルク嫌いな赤ちゃんっていますからね
赤ちゃんがミルク嫌いとか……
ライオンが肉嫌いって言うようなものだろ!?

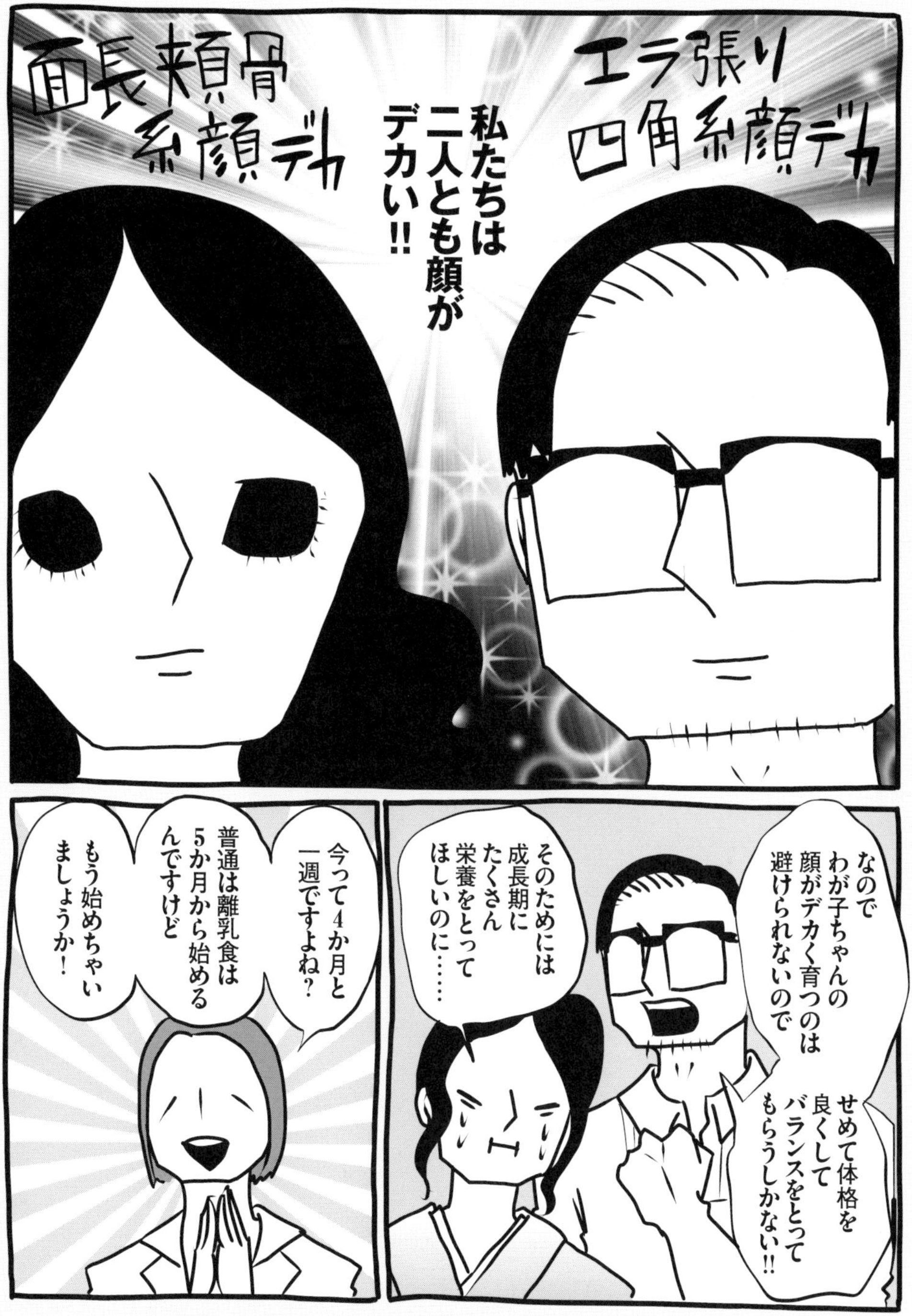
エラ張り
四角系顔デカ
私たちは二人とも顔がデカい!!
面長頬骨
系顔デカ
なので
わが子ちゃんの
顔がデカく育つのは
避けられないので
せめて体格を
良くして
バランスをとって
もらうしかない!!
そのためには
成長期に
たくさん
栄養をとって
ほしいのに……
今って4か月と
一週ですよね?
普通は離乳食は
5か月から始める
んですけど
もう始めちゃい
ましょうか!

1週間前
あと1か月で わが子ちゃんも 離乳食開始か〜
やっぱ プラスチックの ダサいお皿とか じゃなくて
漆塗りとかの ちゃんとした もの用意 したいよね
うちの器よく 作ってもらってる 木工作家の人に 赤ちゃん用の器 特注で作って もらうのは？
いいね〜！
本日
もう適当に Amazonで 買え!!
プラスチックの お椀 480円！
シリコン スプーン 380円!!
こうして急遽
離乳食が始まった!!

# 第76話　だよな！マズいよな！

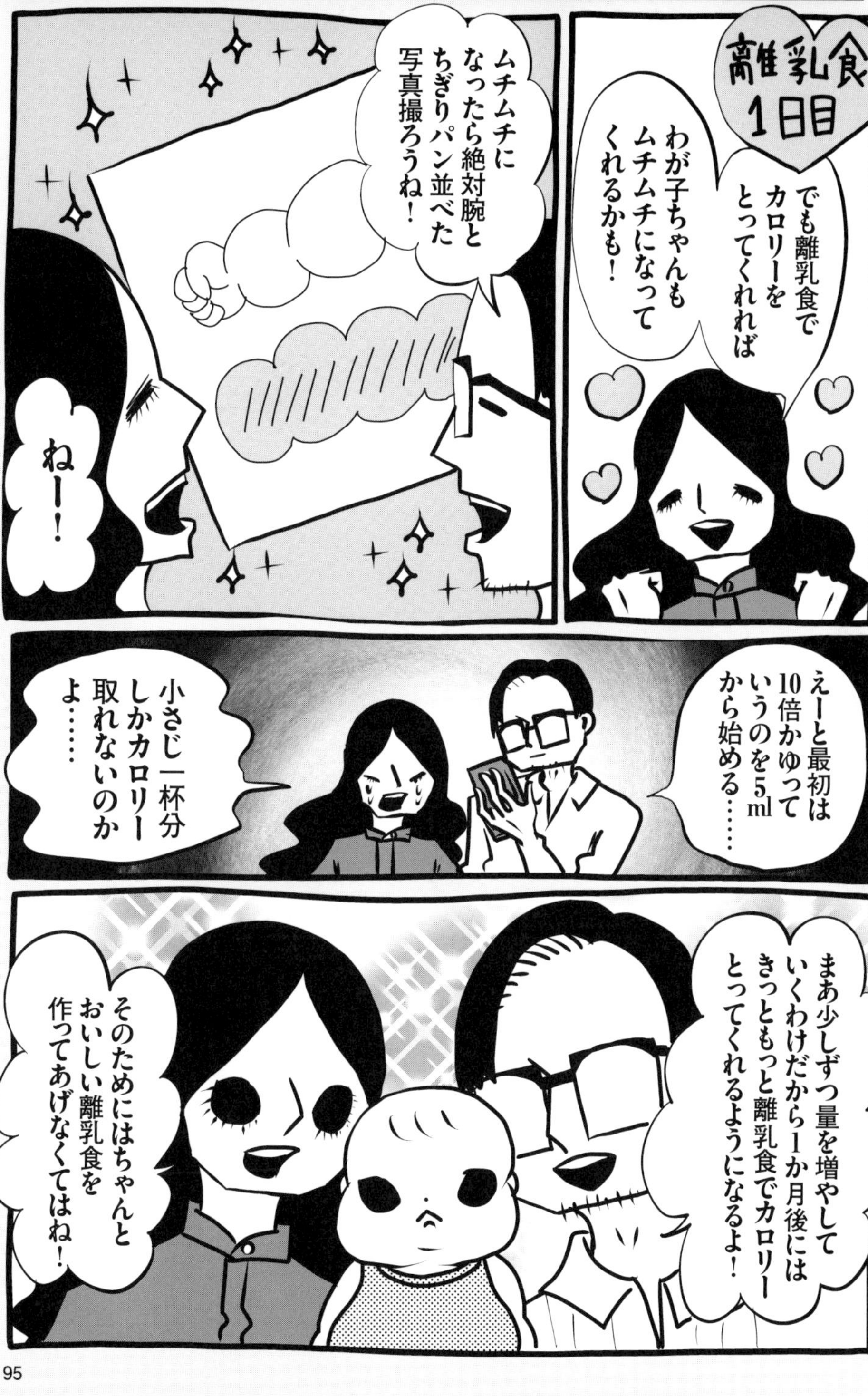
離乳食1日目
でも離乳食でカロリーをとってくれれば
わが子ちゃんもムチムチになってくれるかも！
ムチムチになったら絶対腕とちぎりパン並べた写真撮ろうね！
ねー！
えーと最初は10倍かゆっていうのを5㎖から始める……
小さじ一杯分しかカロリー取れないのかよ……
まあ少しずつ量を増やしていくわけだから1か月後にはきっともっと離乳食でカロリーとってくれるようになるよ！
そのためにはちゃんとおいしい離乳食を作ってあげなくてはね！

10倍かゆを炊いて……
ピー
ミキサーにかけて……
ウィ〜ン
わが子ちゃんにあげる前に味見をしてみよう！
パク！
オエッ!!
まっず!!
糊じゃん!!
でも最初は塩分とか入れないほうがいいみたいなんだよな……
こんなまずいもの食うのか……？

パク
あ！
食べた！
デロ……
出した！
食べた！
出した！
違うんだ……
これは口に入った
ものを吐き出す
ゲームじゃない
んだ……!!
えーと……
口から出したら
スプーンですくって
口に戻す……
デロ……
出した！
戻せ!!
ヒョイ
ヒョイ
また
出した！
戻せ！
デロ……
イヤやっぱ
こういう
ゲームみたい
だな……
ヒョイ
ヒョイ

離乳食
2日目
今日はおかゆに赤ちゃん用の和風出汁を入れてみよう！
最初だからいちおう規定量の半分にしてみて……
う〜ん……やっぱちょっと塩分が入るだけで全然違うね！
パク！
これならわが子ちゃんも……
デロ……
え！なんで!?
デロォ……
塩味のものを初めて食べた人間はこんな顔をするのか……
そうか……今までミルクとビタミンKシロップしか飲んだことないもんな……
甘い

離乳食 一週間目
おかゆは小さじ4杯に！
そして今日から小さじ一杯の野菜を与えるぞ！
え〜
にんじんや玉ねぎは一口大にカットし
トマトはあらかじめ湯むきをして皮と種を取り除いてから昆布と一緒に鍋に入れて
弱火で60分煮て裏ごしし水溶き片栗粉でとろみをつけて食べやすく……
めんどくせえーッ!!

オッ！
バナナなら簡単そうだ！
レンジで20秒加熱で柔らかくなるので簡単にすりつぶせる！
パク
さて試食を……
オエッ！
マッズ!!
腐った味がする!!
温めてすり潰すことによってバナナの悪い部分が前面に押し出されている!!
けっこう主張の強い味と独特の香りとぬめり気……
一応与えてみるか……
デロリ
だよな！
これまずいよな!!

# 第77話 離乳食めんどくせえ!

冷凍すれば
いいんじゃ
ない？
なるほど！
じゃあ15g
ずつ量って
製氷皿に
わけて入れて
わけ
わけ
カキ
カキ
3種 のくだもの
8/13
マスキングテープ
貼って油性ペンで
内容物と冷凍した
日付を記入し
火曜日・・・
瓶を洗って
ラベルを剥がして
瓶・缶の日に
ゴミとして出し
ガサ
ガサ
第2月曜日……
蓋は不燃物の
日にゴミに出し
カチャ
カチャ
離乳食を
あげるときに
製氷皿から
取り出して
レンジに
かけてから人肌に
冷まし……
ウィ〜ン……

めんどくせえーッ!!
市販のベビーフード使っても死ぬほどめんどくさいんですけど!?
離乳食は全部市販のやつです～☆
楽しちゃってごめんなさ～い☆
チョメ!
みたいなノリのヤツ何!?
最初から15gずつのブロックで冷凍されてるやつ販売すればよくない!?
チンして冷ますだけ
ジップになってる
袋はもちろん燃えるゴミとして捨てられる
15
15
キューピー
3種のくだもの

なんでわざわざ15gしか食えない時期用のベビーフードを70g入りの瓶で販売するわけ？
もう世の中が全保護者に嫌がらせをしているとしか思えない……
パク
もぐ
もぐ
わが子ちゃん！
チャラヒゲが一生懸命冷凍して解凍してゴミを分別した離乳食だよ……
でもまだ離乳食で取れるカロリーは少量だからやっぱどうにかしてミルク飲ませないと……
この月齢の赤ちゃんは4時間おきにミルクをあげて
寝てる時間はそのまま寝かせておくらしいんだけど……
スー……
スー……

ミルクをあげるのを
2時間おきにする!!
さらに寝てる
時間もあげる!!
スースー
でもせっかく
こんなぐっすり
寝てるのに
起こしちゃう
なんて気の毒
だけど……
起きねえ〜〜〜〜!!
ゴクゴク
ぐーぐー
しかも起きてる
時間よりも拒否
反応がないから
よく飲んでくれる
ちゅ
ちゅ
なんでもっと
早くこれを
やらなかったんだ!!
しかし
チャラヒゲは
離乳食に
加えて沐浴
オムツ交換
一日10回に
なった授乳
(残り2回は
私の担当)
で疲れている
ようだった
フラフラ
また授乳か……

そしてある日
なゆちゃん……
何？
ベッドから起き上がれない……
え!?
どういうこと!?
なんか……過労死ってこんな感じなのかな……って感じ……
ヤバいじゃん!!
よし！
決めた!!

# 第78話 シッター代の分仕事しないと

ベビーシッターを頼む！
でもコロナが……
感染るかどうかわからないコロナより今はチャラヒゲの確実な過労死一歩手前のほうが問題としてデカいんだ!!
そして私は今仕事が結構ヤバいのでわが子ちゃんのお世話をチャラヒゲの代わりにするのは無理だ!!
早速今日来てくれるシッターさんを探すぞ！
なゆちゃん……ありがとう……
シッターさんをお願いできるマッチングサービスに登録するぞ！
シッターさんと親とのマッチングサービス
カタカタ

まずは私の情報を登録するんだな
えーとまず私のピンの写真と
私とわが子ちゃんが一緒に写ってる写真と……
うーん これはわが子ちゃんの写りが悪いな……
こっちは私の写りが悪いし……
マッチングサービスだから
こっちの印象が良くないと来てもらえないかもしれないし……
それから育児をしてほしい理由のコメントを入れて
それから駅から家までの道のりを文章で書いて……
カタ
カタ
カタ
ぐちゃ…
あとは普段育児をしているスペースの写真……
これはちょっと片付けてから写真撮ったほうがいいな……
もう限界状態の人が初めてシッター頼むってなったら
ハァ
ハァ
頼む前段階でのハードル高すぎるのでは!?

やっと登録できた！
今日来てくれる人を検索して……
元保育士です
おっ この人時給1800円じゃん！
見積もり出してもらって……
え……？
なんか高くないか？
当日予約料金 3千円
沐浴料金 千円
~10時、18時~ 一時間当たりプラス千円
0歳児保育 一時間当たりプラス千円
交通費(ガソリン、駐車場代) 一万円
こんなトラップが!!
キャンセルキャンセル!!
この人は時給6500円だ！
どんな人なんだ……？

発達障害は治せます!!
風水とドイツ波動医学を元に独自に開発したメソッドで発達障害を改善
やべえヤツだ……
普通の人でいいんだよ……
お!
この人は時給2500円で追加料金一切ナシか!
この人にしよ!
シッターさんを8時間予約した!
チャラヒゲはこの間寝てて!
そして私は仕事をする!!
ありがとう……
とはいえ初めてのシッター体験に私も躊躇がないわけではなかった
なんか物を盗まれたり引き出しを漁られたりしたらイヤだな……

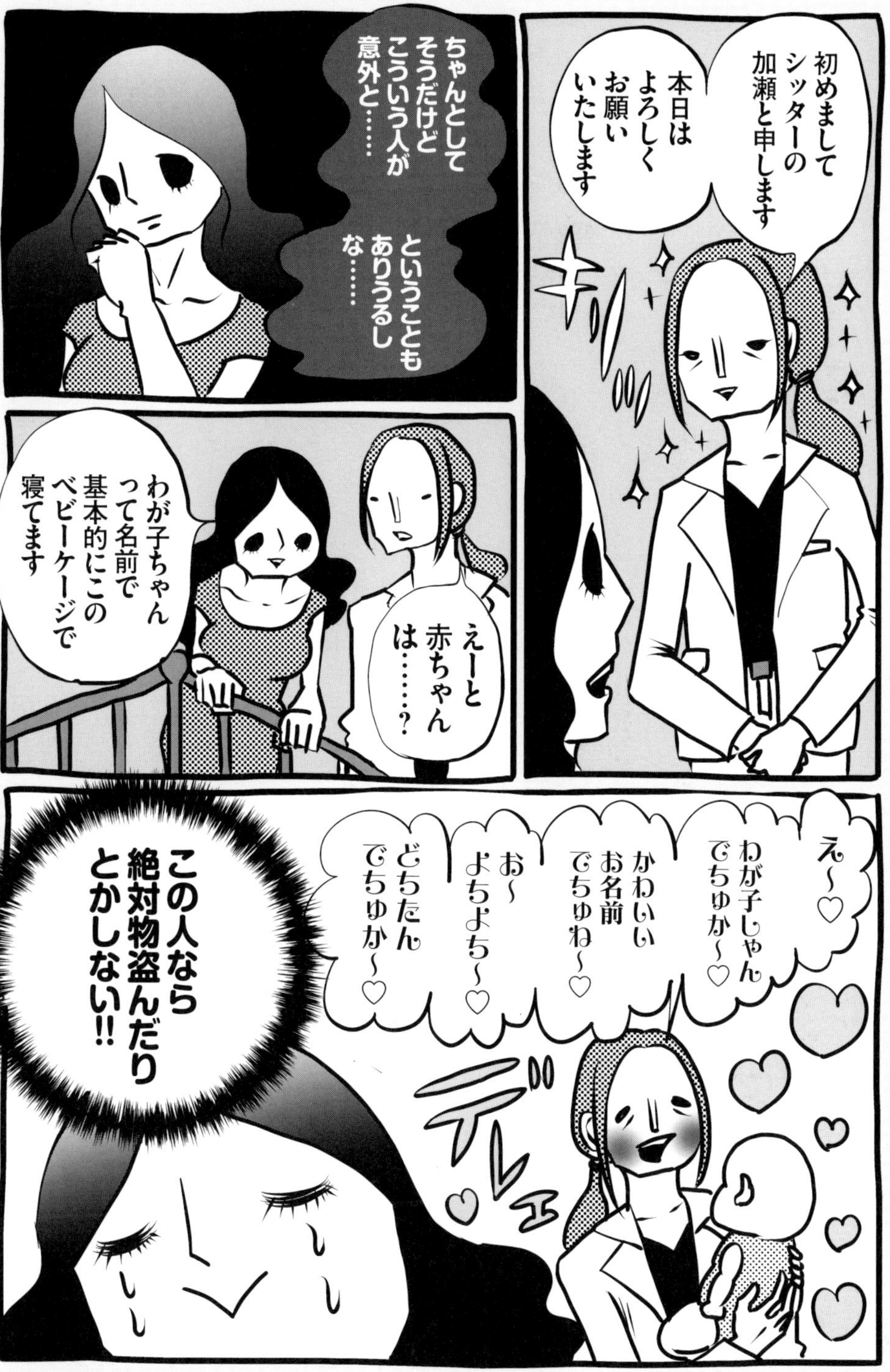
初めまして
シッターの
加瀬と申します
本日は
よろしく
お願い
いたします
ちゃんとして
そうだけど
こういう人が
意外と……
ということも
ありうるし
な……
えーと
赤ちゃん
は……？
わが子ちゃん
って名前で
基本的にこの
ベビーケージで
寝てます
え〜♡
わが子じゃん
でちゅか〜♡
かわいい
お名前
でちゅね〜♡
お〜
よちよち〜♡
どちたん
でちゅか〜♡
デレェ
この人なら
絶対物盗んだり
とかしない!!

でも1時間 2500円……
8時間となると 2万円か……
その分 仕事 しなくては!!
必勝
貧乏根性のおかげで仕事は超はかどり私は8時間で40万円分の仕事をした!!
ガリ
ガリ
ガリ
ガリ
8時間のシッターさんのお世話の後 いつものように私が4時間お世話したことによってチャラヒゲは実に12時間の睡眠を取ることができた
完全に元気になった～!!
でもまた普段の生活を続けてたらいつか本当にチャラヒゲが過労死してしまうと思うんだよ
そうだね……
というわけで私がわが子ちゃんのお世話をする時間を
4時間から8時間に延長するッ!!
そんな……
そんなのダメだよ!

# 第79話　深夜の救急外来

そもそも育児は すべて僕が担当 するって言ってたのに
早々に なゆちゃんに 4時間代わって もらって……
そのうえ さらに 8時間も 見てもらう なんて……
ほ…… 本当に いいんですか……?
本当はウソ うれしい
うん! ただ私は起きてる わが子ちゃんを 8時間見るのは 無理だから
わが子ちゃんが 寝てる夜9時から 朝5時までを 担当するね!
え…… てことは僕 夜に寝て朝に 起きられるの……?
ウル……
そこそんな 感動する ところ?
僕は15年 会社員生活 してきて夜寝て 朝起きる生活に 飼いならされて るんだよ!
夜に8時間も 寝られる なんて!
でもなゆちゃんは そんな変な時間に 起きてて 大丈夫なの?
うん! 私は十数年 寝たいときに寝て 起きたいときに 起きる獣のような 生活をしてきた から何の問題も ないよ!

じゃあ早速
9時から私が
ミルクとか
あげるね！
なゆちゃん……
ありがとう……
深夜1時
よしよし
順調に
飲んでくれ
てるぞ
ぐーぐー
ごくごく
クポックポッ
ん？
何の音？
プッシーさんが
毛玉吐く前
みたいな音
するけど……
クポッ
!!
わが子
ちゃんが
ゲロを
吐く!!
被害を
最小限に
とどめる
には……
ゲポー
私の服で
すべてを
受け止める!!

よし！
わが子ちゃんの服も床も汚れてないぞ！
べちゃ…
…
私が服を着替えるだけで済む！
わが子ちゃんはそこでちょっと待っててね
お待たせ……
ああ〜
わが子ちゃんの服も布団も汚れた……!!
べちゃ…
でもゲロ2連発ってヤバくないか？
変な音もするし……
なんかぐったりしてるような……？

チャラヒゲ～!　起きて!
わが子ちゃんが吐いちゃってね……
ムニャ
ミルク飲みすぎたとかじゃなくて?
いやそういうんじゃなくて……
なんかいつもと違う感じで……
ほら今は普通にしてるし
救急外来行くのは?
え……
ちょっと大袈裟じゃ……
明日の朝まで待って近所の小児科受診するんでも……
え?
何この音!?
クポ
クポクポ
ケポホ

急いで救急外来行くよ！
タクシー呼ぶからチャラヒゲはわが子ちゃんの着替え用意して！
うんっ！
嘔吐下痢症ですね
しばらく離乳食はやめてミルクも一度に60mlくらいにしてください
救急外来だと薬一日分しか出せないんで
明日また小児科受診してください
あ
お花咲かせてる
すごい水下痢だ……
ごめん!!
わが子ちゃんがこんな状態なのに僕はミルク飲みすぎとか朝まで待つとかアホなことを言って本当にごめん!!
本当はこの場で土下座したいんだけど……
コロナ禍の総合病院の床に頭をつけるのはちょっとマズいから……
そこまで反省してるんなら別にいいよ

次の日
峰わが子さーん!
はーい!
診察室
あ〜ウイルス性腸炎ですね
え……
救急外来では嘔吐下痢症って言われたんですけど……
呼び方が違うだけで同じものです
ウイルス性ってことは……
感染るヤツってこと……?
ベビーシッターさんから感染《うつ》ったんだな……
コロナじゃなくてまだよかったけど……
ちょっとチャラヒゲ!!
私もトイレ使いたいんだけど!!
ちょ……
後ちょっとだけ待って!
ドンッ
ドンッ
私にもチャラヒゲにもしっかり感染りました

# 第80話 ヤバさ三連コンボのプロポーズ

生まれてすぐはほとんど目が見えていないので
瞳もなんだか濁っていてどこを見ているのかわからないのだけど
じょじょに黒目にハイライトが入るようになり
こちらを見てくれることが増えて
あっ!
いま目が合った!!
絶対私のこと見た!!
なゆちゃん……
ジャニオタみたいになってるよ……
言うなれば親はわが子最推しの赤ちゃんオタクである
わが子♡ちゃん
こっちみて!
WAGA KOCHAN

ただ私は宝塚
オタクでも
あるので
知っている
沼にハマッている人同士で
盛り上がるのはいいけど
花組
最高〜〜!!
この衣装
ヤバすぎ!!
かわえ〜!!
動画を
もっと
くれ!!
宝塚沼
わが子沼
沼にハマってない人に推しの話ばかりしたり
ましてや勧誘行為などは絶対にしてはいけないと
常に自制心を持っていなくてはいけない
ダメ、絶対
やっぱ最初はヅカ
特有のメイクとか
引いちゃうのは
わかるよ?
でもすぐ100%
かっこいい
としか見えなく
なるから!
だから
一回観て!!
子ども
かわいいよ〜!
作っちゃい
なよ!!
お金?
仕事?
大丈夫!
産んだら
産んだで
なんとか
なるよ〜!!
ハァ
ハァ
ハァ
ハァ
ハァ

アーッ！
もうダメだ!!
何!?
また過労死!?
違うよ！
わが子ちゃんがかわいすぎて……
僕はもうダメだッ!!
自制心ゼロだな……
でもさぁチャラヒゲ
え？
もともとは子ども全然欲しがってなかったじゃん
むしろいらない派だったじゃん？
いやいやそんなことあるわけ……
私は覚えてるよ
すべてはチャラヒゲのプロポーズから始まった
2年前土曜日深夜2時私の自宅にて
なゆちゃんと……
け……っ
結婚したい……ッ!!

え～ ヤダよ～
私がチャラヒゲと 結婚なんかする わけないじゃん
だよね～ アハハ～
チャラヒゲ 飲みすぎなん じゃない？
もう 寝たら？
うん
そう するね
ごそ ごそ
翌朝
おはよ～ コーヒー 飲む？
ありが とう！
あのさー チャラヒゲ 超酔ってたから 覚えてないと 思うんだけどさー 昨日チャラヒゲ 「なゆちゃんと 結婚したい」 とか言って たんだよ～
プププ！
え～～！ マジ？
全然 覚えて ないわ
やっぱ？ ベロベロ だった もんね～

5分後
すみません 本当は全部覚えてます……
ハズかったんで忘れたフリしてました……
え!?
改めて言うけど……
なゆちゃんと け……結婚したいです……ッ!!
え……こいつマジで私と結婚するつもりなの?
ていうか…
ていうかベロベロ状態でのプロポーズとか
朝になったら言ったこと忘れたフリするとか
その上でさらにプロポーズ重ねてくるとか
ヤバさ三連コンボじゃん!?

to be continued……

チャラヒゲも一応会社員なんでいろいろ事情がありまして……
というわけでチャラヒゲというのは架空のキャラクターであり
実在の人物団体とは一切関係がありませーん！
ということでよろしくお願いします！

「わが子ちゃん」の続きは、
Webサイト「女子SPA！」で
連載中です！

http://joshi-spa.jp/

峰なゆかの育児漫画
わが子ちゃん
NAYUKA MINE
峰なゆか

妊娠・出産・育児のモヤモヤに斬り込む
令和の育児漫画の金字塔として話題騒然！
続きは、Webサイト「女子SPA！」で連載中です
（一般公開後、無料会員限定に）。
女子SPA！は、大人の女性のホンネに向き合うWebサイトです。
峰なゆかさんの『アラサーちゃん』名作選も掲載中なので、
ぜひご覧ください！

# わが子ちゃん 4

2023年12月20日　初版第1刷発行

著　者　峰 なゆか
発行者　小池英彦
発行所　株式会社 扶桑社
〒105-8070　東京都港区芝浦1-1-1
電話　03-6368-8875（編集）
　　　03-6368-8891（郵便室）
www.fusosha.co.jp/
装　丁　濱中幸子（濱中プロダクション）
印刷・製本　大日本印刷株式会社


ISBN 978-4-594-09634-2



初出
女子SPA!（joshi-spa.jp/）　『わが子ちゃん』第61話〜第80話